LE P'TIT SARKO

MOI, MOI, MOI (ET MOI)

JUNGLE

LE P'TIT SARKO

MOI, MOI, MOI (ET MOI)

DESSIN SYMPATHISANT ANARCHISTE ALTEAU

SCÉNARIO COHABITATION JIM & GASTON

COULEUR VERT CHRISTIAN LEROLLE

"CHEERS ! : Elliot & Basil mes deux Monsters que j'aimeuuuh XXX !
Norbert & Janine, Jean-Loup, Fanny, Patsy x, Charlie Boo & Joe, Martin & Olivier
Saive & family, Stéphan Colman, Fred Beltran, Max, Philou Cadiot, Flo Loki,
Hugo & Sophie, Franki, Salvation CR, Gigi, Seb Encre De Chine, Iwan, Oil Oil mate
comme on dit chez Castrol ! Miss Ann, Levi & Bernie Dexter, Roddy Byers.
Johnny Cash, Sam Cooke & John Lennon >/:*O)."

"SPÉCIALE DÉDICACE : x Alison x, because you're mine, I walk the line."
Alteau

"Tout comme Alteau."
Jim

"Cet album est dédié au parti socialiste, qui est si mauvais qu'il
nous assure la pérennité de la série pour encore longtemps.
Je le dédie aussi à madame Antoine, qui fait de si bons cafés à la pistache.
A Morgane ma petite bachelière, sur la rampe de lancement de sa vie et Luka le super saligaud.
Enfin, à Jim mon ami pour la vie."
Gaston

ISBN : 978-2-874-42460-1

Première édition - Septembre 2009

Imprimé en France par Pollina s.a., n° L22019 , Luçon. Dépôt légal : Septembre 2009 ; D.2009/0053/271

MOI ! MOI ! MOI !
CETTE ANNÉE,
J'SUIS TROP
CONTENT !

C'EST MOI
QU'AI LE CAHIER
DE CLASSE !
MOI !
C'EST MOI
QU'ON
A ÉLU !

ON NE VA VOIR QUE MOI
CETTE ANNÉE !
YOUPI !
FFRRRRRRRRRRRRR
YOUPLA !
VIVE
MOI !

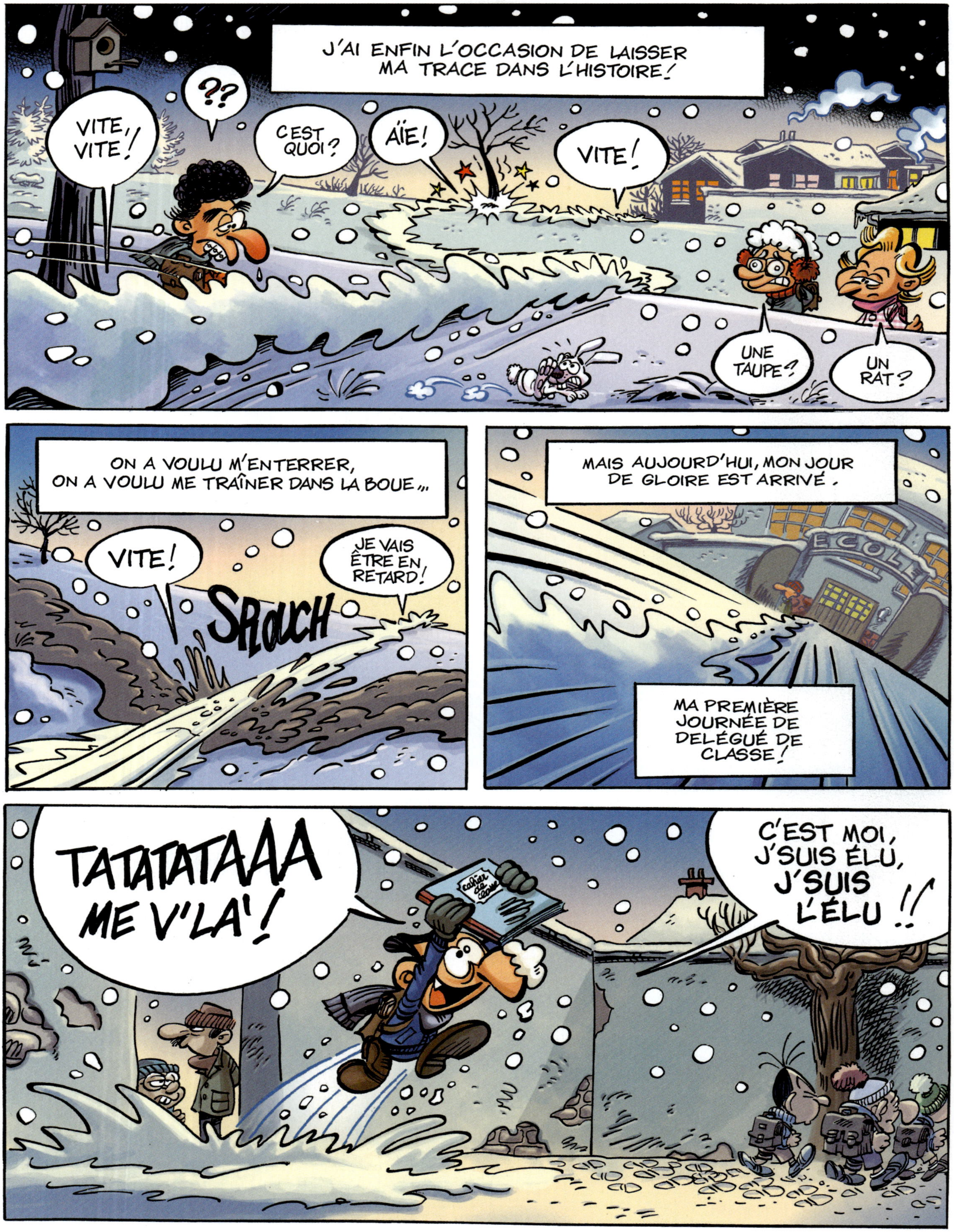
J'AI ENFIN L'OCCASION DE LAISSER MA TRACE DANS L'HISTOIRE!
VITE, VITE!
??
C'EST QUOI?
AÏE!
VITE!
UNE TAUPE?
UN RAT?
ON A VOULU M'ENTERRER, ON A VOULU ME TRAÎNER DANS LA BOUE...
VITE!
SPLOUCH
JE VAIS ÊTRE EN RETARD!
MAIS AUJOURD'HUI, MON JOUR DE GLOIRE EST ARRIVÉ.
ECOLE
MA PREMIÈRE JOURNÉE DE DELÉGUÉ DE CLASSE!
TATATATAAA ME V'LA'!
C'EST MOI, J'SUIS ÉLU, J'SUIS L'ÉLU!!

ILS SONT TOUS LÀ, CEUX QUI ONT VOTÉ POUR MOI L'ANNÉE DERNIÈRE.
MES AMIS !
?
C'EST QUI ?
MES OUAILLES !
C'EST QUOI ÇA ?
MES COMPATRIOTES !
C'EST QUI ?
IL Y A CEUX QUI M'AIMENT DEPUIS TOUJOURS...
MA CÉCILIA !
DEPUIS TOUJOURS...
...NE VEUT PAS DIRE POUR TOUJOURS...
JEAN-LOUIS ET FRANÇOIS !
IL ME PAYE TOUJOURS MES LIMONADES...
SARKOZIZI ET FRANÇOIS FION, ON NOUS APPELLE.
HI HI
ON S'ENTEND COMME CUL ET CHEMISE !
LE VIEUX CHICHI !
LE BRUIT ENCORE, PAS TROP...
...MAIS L'ODEUR DU CAHIER DE CLASSE VA ME MANQUER...
CEUX QUI M'AIMENT DEPUIS QUE JE SUIS DÉLÉGUÉ...
RACHIDA ET RAMA !
IL M'AIME PLUS QUE TOI !
IL AIME PAS LES NOIRS, IL PARAÎT !
NON, C'EST LES ARABES IL PARAÎT QU'IL AIME PAS.
BERNARD ET ÉRIC !
NOUS ON S'EST VENDUS, SOIT...
MAIS PAS CHER, VU QU'ON VALAIT PAS BEAUCOUP.
JACK !
EH.
MOI AUSSI J'SUIS À VENDRE, SI Y'A BESOIN, HEIN.
ET PUIS 'YA CEUX QUI M'AIMERONT JAMAIS.
À CAUSE DE LUI, J'AI REDOUBLÉ !
T'AS VU COMME ON EST NOMBREUX ?
OUI, J'SAIS PAS OÙ IL EST ALLÉ LES CHERCHER, SES 53% !
C'EST MOI SA NOUVELLE OPPOSITION !
PF ! MOU CENTRAL !
ELLE VA ÊTRE VIRULENTE SA NOUVELLE OPPOSITION...
FN FN
ALORS MOI, JE
TOI, FERME-LA, T'EXISTES PLUS !
AH OUI, C'EST VRAI.

AUJOURD'HUI C'EST MON INTRONISATION !
À PARTIR DE MAINTENANT, ON NE VERRA PLUS QUE MOI !
élection nico : 53% Ségo : 47
cahier de classe
BASIL
LE ROI NAIN DE JARDIN !!
AH AH ! ÇA DÉMARRE MAL !
UH UH !
SILENCE ! COUP DE BROSSE SUR LE PASSÉ !
C'EST MOI QUI FAIT LE PROGRAMME MAINTENANT !
ÇA VA BOSSER !
HOP HOP !
J'SUIS LE ROI ! FAUT M'OBÉIR !
mon programe : réform niker la criz économic pakè fiscal 35H travaillé plus pour gagné plus
ÇA VA FILER DROIT !
M'INTERROMPEZ PAS, J'VEUX DE LA DISCIPLINE.
EH MAIS QU'EST-CE QU'IL SE PASSE ICI ? MAIS ? C'EST QUOI CE BAZAR ?
J'VEUX PAS ÊTRE DÉRANGÉ J'AI DIT !
CASSE-TOI POV'CON !
QUOI ?
OH ZUT, C'EST LA MAÎTRESSE !
ENCORE TOI ? L'OMNIPRÉSENT ? AH TU AIMES TRAVAILLER PLUS ?
PF ! 3 HEURES DE COLLE !! LE JOUR DE MON INTRONISATION !
M'ENFIN ...
ÂNE
... AU MOINS, J'AI GAGNÉ LA COURONNE.
★ALTEAU ★ JIM ★ GASTON 09

OMNIPRÉSENT.

BONJOUR MADAME !
BONJOUR MON P'TIT NICO.
BONJOUR M'DÂÂÂME !
HEIN QUOI ?
S... SALUT NICO...
BONJOUR M'DÂÂÂME !
ÇA VA M'DAME ?
MAIS ? MAIS ?
J'AI FAIT MES DEVOIRS M'DAAME !
AH! EUH? C'EST BIEN...
BONNE JOURNÉE M'DAME !
GNNN
ENTREZ DONC LES ENFANTS, ON VA COMMENCER LE COURS...
BONJOUR MADÂÂÂÂME !
PSY
DITES-MOI DOCTEUR, C'EST QUOI QUI VA PAS ?
J'EN AI PLEIN LA TÊTE OU PLEIN LES YEUX ?
VOUS AVEZ ATTRAPÉ LE SARKOZYSME, MADAME...
C'EST UN PEU DES DEUX.

* ALTEAU * JIM * GASTON 08

UNE ÂME EN PEINE.

APRÈS LE VOTE DU CAHIER DE CLASSE, LE PAS-CONTENT DE SERVICE ÉTAIT ENCORE PLUS PAS CONTENT QUE D'HABITUDE.
FN! FN!
ENFOIRÉ! TU M'AS PIQUÉ TOUTES MES VOIX, C'EST UN HOLD-UP!
SERVICE D'ORDRE. C'EST POUR UN HOLD-UP!
ON AGRESSE VOTRE MAJESTÉ-CHÉRIE!
R'GARDEZ-MOI ÇA! LA MEUTE POUR DÉFENDRE LE ROQUET!
...CONTRE LE BOULEDOGUE!
J'T'AI RIEN PIQUÉ DU TOUT MOI D'ABORD!
J'AI EXPOSÉ MON PROGRAMME À MOI: SÉCURITÉ, IMMIGRATION, EXPULSIONS, ET C'EST TOUT!
TON PROGRAMME ???
ET ÇA VENAIT DE QUI L'IDÉE DE FAIRE PEUR À TOUT LE MONDE, HEIN? HEIN?
"MONSIEUR, VOUS N'AVEZ PAS LE MONOPOLE DES PEURS!"
CASSÉÉÉ!
PASQUE J'VAIS TE DIRE LA VÉRITÉ, SOMBRE TRUIE!
GRRR!
PAS CONTENT!
RÂLE!
DANS TON OMBRE, TU NE TRIMBALLES QUE LES PEURS DES P'TITS ÉLÈVES IGNORANTS QUI NE VOTAIENT POUR TOI QUE POUR RÂLER, TOUT DÉSESPÉRÉS QU'ILS ÉTAIENT...
ET ALORS? C'ÉTAIT MES MIENS D'IGNORANTS!
CHACUN SES IGNORANTS!
C'EST SÛR QUE ÇA MANQUE PAS DE PLACE DANS SON OMBRE, À CE GROS TAS!
HEUREUSEMENT, MOI J'ÉTAIS LÀ, PERSONNE S'INTÉRESSAIT À EUX, MOI JE LEUR AI CAUSÉ, JE LEUR AI APPORTÉ LA LUMIÈRE!
JE LES AI ÉBLOUIS, ET HOP! FINI L'IGNORANCE ET L'OBSCURITÉ!
J'AI AIDÉ TOUS CES CERVEAUX LENTS À S'ENVOLER VERS MOI LEUR MINI-MESSIE, LEUR SOLEIL!!!
SUPER-SARKO SUPER-NETTOYAGE À SEC!!!

J'AI FAIT QU'UN MINABLE PETIT 11%...
ÇA FAIT À PEINE 2/20, LA PIRE NOTE QUE QUE J'AI JAMAIS EUE EN ÉLECTION!
TU M'AS SIPHONNÉ...
JE NE SUIS PLUS QUE L'OMBRE DE MOI-MÊME...
OUIIIII! T'ES FINI, T'ES POURRI!!! T'ES MORT!
J'T'AI EU, J'T'AI ÉCRASÉ!
DAVID A NIQUÉ GOLIATH!
MICRO-LESSIVE A EFFACÉ LA GROSSE TACHE!!!
OUIIIIN! BRUNO!!! GÉRARD!!! MES VRAIS AMIS, CONSOLÉÉÉZ-MOI!!!
BON DÉBARRAS!
AH! AH!
J'AI LIQUIDÉ CETTE PUSTULE ET SON PUS QUI LUI SERT D'IDÉOLOGIE!
J'AI RÉUSSI LÀ OÙ TOUS LES AUTRES ONT TOUJOURS ÉCHOUÉ! IL EST OUT! FINI SES IDÉES NAUSÉABONDES ET SES ENVOLÉES RACISTES AVEC MOI, FINI TOUT ÇA! AH AH!
VOUS POUVEZ M'CROIRE!
IL N'Y A PAS L'OMBRE D'UN DOUTE!
ALTEAU JIM * GASTON 08

LA ROUE DE L'INFORTUNE.

DEUX PLACES POUR LA GRANDE ROUE ! QUE TOUT LE MONDE ME VOIE AU SOMMET DU TOP AVEC MA CÉCILIA D'AMOUR QU'ON S'AIME POUR LA VIE.
AH TIENS! SALUT SÉGO.
ÇA VA?
POURQUOI ÇA IRAIT?
PLACES
MONTEZ!
TIENS OUI, MAIS C'EST CETTE VIEILLE OUBLIÉE DE SÉGO!
MARRANT ÇA, MÊME PETIT, JE PEUX TE REGARDER DE HAUT!
ALORS, T'ES TOUTE SEULE? T'AS PERDU TON MEC EN PLUS DE PERDRE LES ÉLECTIONS? PAS COOL ÇA!
FRANÇOIS NE VOULAIT PLUS METTRE SON BULLETIN DANS TA PETITE URNE?
FRANÇOIS IL AIME PAS LES PERDANTES?
T'AURAIS DÛ LE SONDER AVANT. HA HA!
C'EST BON. LAISSE-LA TRANQUILLE !!
POUR GAGNER DE L'AMOUR, C'EST COMME POUR GAGNER DE L'ARGENT!
'FAUT BOSSER, BOSSER, FAIRE DES DEVOIRS, MÊME CONJUGAUX!
FAUT ÇA POUR ATTEINDRE LE SOMMET!
MAIS LA ROUE TOURNE, MA FILLE...
TON JOUR VIENDRA SI TU NE PRENDS PAS LA TANGENTE AVANT...

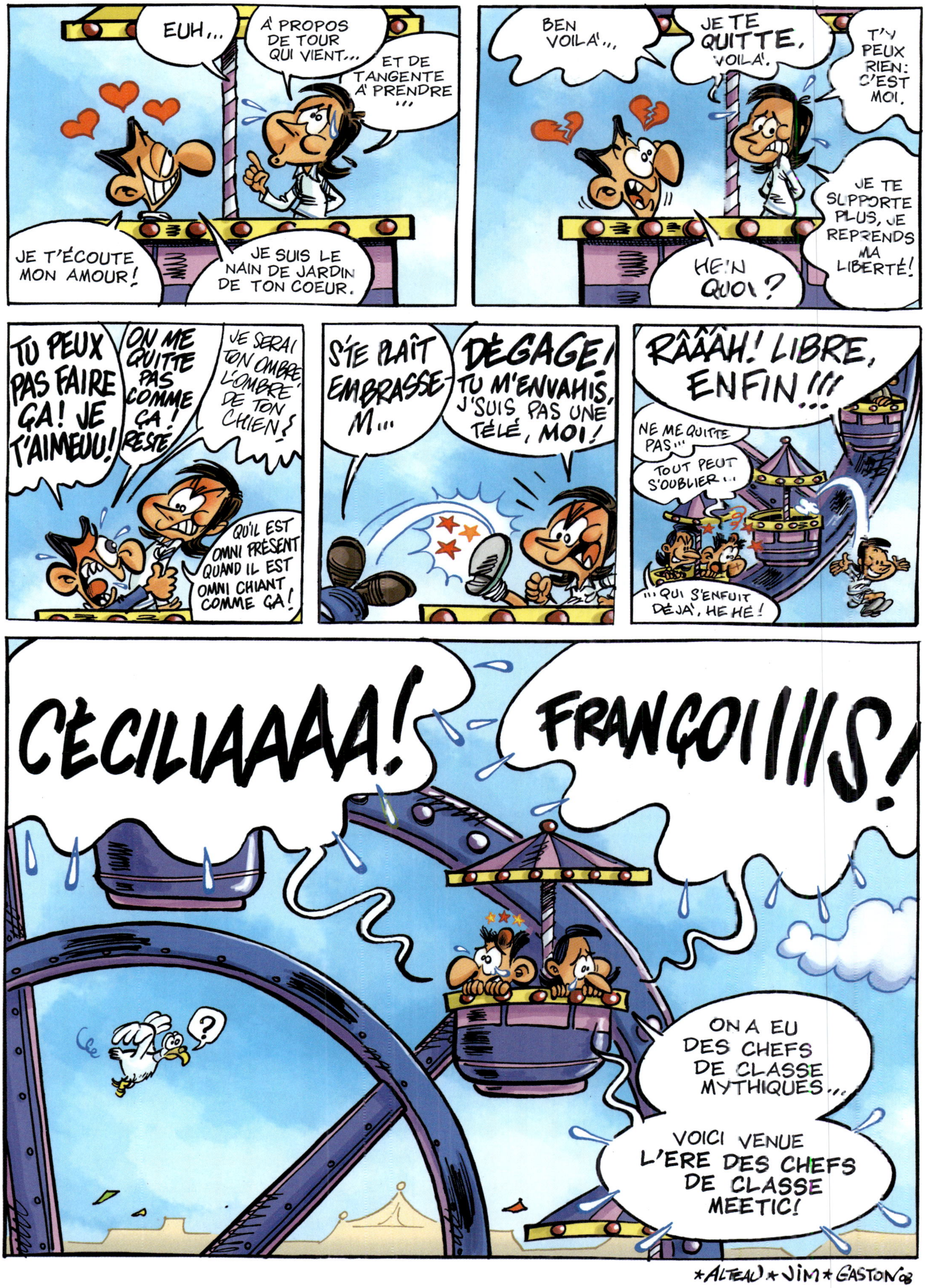
EUH...
À PROPOS DE TOUR QUI VIENT...
ET DE TANGENTE À PRENDRE...
JE T'ÉCOUTE MON AMOUR!
JE SUIS LE NAIN DE JARDIN DE TON COEUR.
BEN VOILÀ...
JE TE QUITTE, VOILÀ.
T'Y PEUX RIEN: C'EST MOI.
JE TE SUPPORTE PLUS, JE REPRENDS MA LIBERTÉ!
HEIN QUOI?
TU PEUX PAS FAIRE ÇA! JE T'AIMEUU!
ON ME QUITTE PAS COMME ÇA! RESTE
JE SERAI TON OMBRE L'OMBRE DE TON CHIEN!
QU'IL EST OMNI PRÉSENT QUAND IL EST OMNI CHIANT COMME ÇA!
S'TE PLAÎT EMBRASSE-M...
DÉGAGE! TU M'ENVAHIS, J'SUIS PAS UNE TÉLÉ, MOI!
RÂÂÂH! LIBRE, ENFIN!!!
NE ME QUITTE PAS...
TOUT PEUT S'OUBLIER...
...QUI S'ENFUIT DÉJÀ, HE HE!
CÉCILIAAAAA!
FRANÇOIIIIS!
?
ON A EU DES CHEFS DE CLASSE MYTHIQUES...
VOICI VENUE L'ERE DES CHEFS DE CLASSE MEETIC!
*ALTEAU*JIM*GASTON 08

CELLULE DE CRISE.

NON NON ! TOI TU VIENS PAS, LES CHEFS DE CABINET SONT EN RÉUNION.
1ER CONGRÉ DES ANTI-SARKO, LA SÉANCE EST COMMENCÉE. QUI VEUT PRENDRE LA PAROLE ?
MOI !
MOI !
MOI !
MOI !
BON ! POUR L'INSTANT C'EST MOI LE CHEF, LA DERNIÈRE FOIS ON A DIT QUE LA PROCHAINE FOIS, SI ON VEUT RATATINER SARKO ET LUI PIQUER LE CAHIER DE CLASSE IL NOUS FAUT DES IDÉES.
QUI A DES IDÉES ?
MOI !
MOI !
ON T'ÉCOUTE SÉGO !
MON IDÉE, C'EST QUE CE SERAIT MOI LA NOUVELLE CHEF DE NOUS TOUS.
MOI CHEF
RÔÔÔH !
C'EST PAS VRAI !
ELLE A COPIÉ !!!
J'AVAIS LA MÊME IDÉE !
MOI AUSSI !
SI TOUT LE MONDE A LA MÊME IDÉE, C'EST QUE ÇA DOIT ÊTRE UNE BONNE IDÉE !
MOI CHEF
BON, PUISQUE TOUT LE MONDE EST D'ACCORD, JE VALIDE CETTE IDÉE !
C'EST MOI QUI RESTE LE CHEF !
MOI CHEF
IL EST FORT !
C'EST POUR ÇA QU'IL A TOUJOURS ÉTÉ LE CHEF !
IL NOUS A ENCORE EUS, LÀ !!

BON ALORS, D'AUTRES IDÉES POUR ÉCRASER SARKO ?
DIRE DU MAL DE LUI DÈS QU'ON OUVRE LA BOUCHE ?
LUI PLANQUER LE CAHIER ?
LUI ENVOYER UNE TAUPE ?
MOI CHEF
LUI ENVOYER UNE TAUPE ?
C'EST NUL COMME IDÉE !
MAIS PAS UNE TAUPE ! UNE TAUPE !
LUI METTRE QUELQU'UN DE CHEZ NOUS DANS LES PATTES !
UNE CRÉATURE QUI L'ENVOÛTERAIT ET LE RALLIERAIT À NOTRE CAUSE.
ET ON A QUOI COMME CRÉATURE DE RÊVE EN MAGASIN ?
SÉGO : NON !
ARLETTE : SURTOUT PAS !
MARIE-GEORGE : NON ! MARTINE : ON DIRAIT TROP UN GARÇON !
EUH, ÇA VA PAS ÊTRE FACILE !
... ET SI ON ENVOYAIT CARLA ?
AH OUI.
OH.
OUI... ELLE EST BELLE, OUI.
BON PLAN ! BON PLAN ! ÇA VA MARCHER !
PFF ! GARDER NOS MOCHES ET FILER NOS BELLES, QUELLE LOSE !
TU SERAS NOTRE MATA-HARI !
'FAUT PAS CHERCHER POURQUOI ON PERD TOUJOURS NOS ÉLECTIONS !
* ALTEAU * JIM * GASTON 08

PIQUE ET PIQUE.

AÏE!
??
GRR
OUILLE!
EH!
EH!
EH!
OUILLE!
PAF!
AÏE!
AÏE!
OUILLE!
ÇA SUFFIT MAINTENANT !!!
DONNEZ-MOI ÇA! J'INTERDIS CES POUPÉES!
OH, C'EST QUE QUELQUES PIQUES DANS LE DOS, MON LAPIN...
TU DEVRAIS ÊTRE HABITUÉ!

POUPÉE DE SON.

OUAH MARTINE !
SALUT SÉGO. ALORS, ENCORE, UNE NOUVELLE DÉCULOTTÉE ?
MARTINE, NOTRE NOUVELLE CHEF !
"DÉCULOTTÉE" ? SALAUD, T'AURAIS DIT ÇA SI J'ÉTAIS PAS UNE FILLE ?
PF ! QU'EST-CE QUE J'AI PAS DIT MOI ?
C'EST QUOI TON PROBLÈME ?
FORCÉMENT. VOILÀ ! "J'AI UN PROBLÈME" ! TOUTES LES FILLES ONT UN PROBLÈME AVEC TOI C'EST ÇA !
MISOGYNE !
ERSATZ DE MACHO !
HOULÀ, DU CALME !
ON NE CALME PAS UNE COLÈRE JUSTE !
RÂÂÂH !
RÂLITUDE !
VAS-Y LAISSE TOMBER !
T'ES RAVAGÉE MA POV' FILLE !!
POV'FILLE ! EXCUSEZ-LE D'AVOIR DEMANDÉ ÇA !
POUR LUI, UNE FILLE EST FORCÉMENT PAUVRE !
COMME SI UNE FEMME SAVAIT PAS GAGNER D'ARGENT !
IL BAFOUE MA FÉMINITÉ !
RÂÂÂH !
AU S'COURS !
LE DIABLE !!
C'EST LE DIABLE !! CO... COMMENT LA FAIRE TAIRE ??

★ ALTEAU ★ JIM ★ GASTON 08

LOVE SONG.

Cher journal, aujourd'hui j'ai mal au cœur, je me sens tout remué...
EH! MAIS ON N'ÉCRIT PAS DANS FE CAHIER DE CLASSE!
T'AS PAS LE DROIT!
VIENS PLUTÔT PIQUE-NIQUER FAVEC NOUS.
C'EST QUOI QUI VA PAS ?
UN CHEF QUI SE RESPECTE...
A BESOIN D'UNE FEMME QUI LE RESPECTE.
ALLEZ! Y'EN A PLEIN DES FILLES! OUBLIE-LA TA CÉCILIA!
QUELQU'UN VEUT UN FANTA?
CLAC!
ELLE TE PLAÎT PAS RACHIDA?
ELLE EST MAIGRE ET ARABE. MOI, NAIN ET HONGROIS.
ON SE COMPLÈTE!
...MAIS ELLE A TROP DE MORDANT POUR MA TOUTE PETITE VIRILITÉ!
EH PSSST! SARKO! TU CHERCHES TOUJOURS UNE COPINE POUR REMPLACER CÉCILIA?
OUI, MAIS PAS DÉJÀ! ELLE M'A QUITTÉ HIER!
LAISSE-MOI ENCORE DU TEMPS!
ÇA Y EST! LE TEMPS EST PASSÉ!
ALORS? ALORS?? C'EST QUOI TON PLAN DE RÉFORME POUR MON PETIT CŒUR?
C'EST UNE FILLE LÀ-BAS! QU'ELLE EST BELLE COMME UNE POCHETTE DE DISQUE!
VIENS PLUTÔT VOIR!

OOOOOH! C'EST JOLI!
SURTOUT FAIS COMME SI DE RIEN...
... N'ÉTAIT.
NICO?
EH!
BONJOUR!
ÇA VA?
??
COMMENT TU T'APPELLES?
MOI, C'EST NICO!
C'EST MOI QU'A LE CAHIER DE CLASSE!
J'AI TROP PLEIN DE POUVOIRS!
ZOOF
ZOOF
ZOOOF
TU AIMES LES FLEURS?
TIENS!
J'PEUX T'OFFRIR TOUT CE QUE TU VEUX!
UN...
UN TROLL?
TA VÉNALITÉ A FORCÉMENT MOINS DE LIMITES QUE MES AMBITIONS.
ALORS?
CINÉ?
PATINOIRE?
PROMENADE EN BARQUE?
MAC FOUQUET'S?
ZOOF
ZOOOF
ON DIT DEMAIN 11 HEURES!
W.C.
J'TE LAISSE MON ADRESSE!
HEIN? QUOI?
C'ÉTAIT QUOI?
ZOOF
CIAO!
Cher journal, aujourd'hui, je me sens toute remuée, j'ai mal au cœur...
TELEPH
★ALTEAU★JIM★GASTON 09.

TÊTES D'AFFICHE.

DIS-MOI MA CARLITA...
QU'EST-CE QUE TU ME TROUVES ?
C'EST MARRANT.
C'EST LA QUESTION QU'ON ME POSE TOUS LES JOURS.
SLRP
J'EN AI CONNU DES GARÇONS... J'AI PAS TOUJOURS ÉTÉ HEUREUSE... D'ABORD, J'AI TOUJOURS AIMÉ LES ARTISTES.
TIENS TA GUITARE COMME ÇA !
LOUIS, TÉLÉPHONE !
J'VAIS M'OCCUPER DE SA SATISFACTION, T'INQUIÈTE !
J'AI TOUJOURS EU UN FAIBLE POUR LES TÊTES BIEN PLEINES AUSSI, LES INTELLOS, LES PREMIERS DE LA CLASSE...
J'TOMBE AMOUREUSE TROP VITE...
AVEC MOI, C'EST TOUJOURS LE MÊME REFRAIN.
FISTON ?
PAPA ?
J'AI FAIT QUELQUES ERREURS D'AIGUILLAGE AUSSI.
QU'EST-CE QUE JE SUIS TROP HEUREUX D'ÊTRE AVEC TOI, CARLOUTA !
SI QUELQU'UN M'AVAIT DIT...
FAIRE COMME SI DE RIEN N'ÉTAIT...
AHAH ! IH IH !
TROP DÉÇUE...
J'AI DÉCIDÉ D'ARRÊTER LES HOMMES...
PIS FINALEMENT, ARRÊTER, JE PEUX PAS.
JE M'Y REMETS DOUCEMENT.
... ALORS JE RECOMMENCE PAR UN ÉCHANTILLON D'HOMME.
TAP TAP TAP
ET SI J'EN SUIS CONTENTE...
... J'EN PRENDRAI UN ENTIER.
★ALTEAU★JIM★GASTON 08

NOUVEAU MODÈLE.

SALUT NICO ! TIENS, T'AS CHANGÉ DE VOITURE À PÉDALES ?
OUI, T'AS VU ELLE EST MIEUX, HEIN ?
C'EST LE MÊME MODÈLE QU'AVANT MAIS EN PLUS RÉCENT !
PLUS NEUF ! PLUS FIABLE !
CARROSSERIE TOUTE MIEUX !
TAP TAP !
MÊMES LIGNES, MÊMES COURBES, MAIS MOINS DE PANNES !
ET MOINS DE KILOMÈTRES AU COMPTEUR !
L'ANCIENNE, UN GARS ME L'AVAIT EMPRUNTÉE ET APRÈS, ELLE TENAIT PLUS LA ROUTE !
ALORS QU'AVEC CELLE LÀ, AU MOINS...
PLUS DE SORTIE DE ROUTE ! JE LA DIRIGE MIEUX ! CONDUITE IRRÉPROCHABLE !
J'AI PLUS FIÈRE ALLURE QU'AVEC L'ANCIENNE, HEIN ?
BON, BREF, TU M'EXCUSERAS, HEIN !
FAUT QUE J'AILLE CHERCHER MA CHÉRIE !
SALUT NICO ! TIENS, T'AS CHANGÉ DE COPINE ?
OUI, T'AS VU ELLE EST MIEUX, HEIN ??
*ALTEAU*JIM*GASTON 08

SERVICE MINI-MINIMUM.

JEUDI 16 MARS
EH EH ! ON DIRAIT BIEN QU'IL Y A PAS DE MAÎTRESSE AUJOURD'HUI ...
ON DIRAIT.
UNE CLASSE SANS MAÎTRESSE, C'EST COMME DU MAÏS SANS OGM...
HU HU... T'ES CON !
PRENEZ VOS CAHIERS !
HOLÀ !
INCROYABLE !
ARF ARF ! UN BUREAU QUI PARLE C'EST MAGIQUE !
FN ! FN !
AH AH !
ON ARRÊTE PAS LE PROGRÈS !
BASIL
SILENCE !
RESPECTEZ-MOI !!!
ÉCOUTEZ-MOI !!!
C'EST MOI QUI COMMANDE MAINTENANT !
QUI C'EST QU'EST VENTRILOQUE ?
J'CONNAIS LE TRUC, Y'A UN HAUT-PARLEUR D'PLANQUÉ !
C'EST PAS DANS MA TÊTE CES VOIX ?
CHERCHE PAS...
'Y A RIEN DANS TA TÊTE.

VOUS Z'ALLEZ M'ÉCOUTER À LA FIN ???
AAAAH!
C'ÉTAIT LUI!
GUI-GNOL! GUI-GNOL! GUI-GNOL!
PLOK!
TAISEZ-VOUS! SILENCE! SI...
OUAAAH! JEU DE MASSACRE!
CGT!
RÂÂÂH!
OUAIS!
ÉTUDIANTS EN COLÈRE!
FEUER!!
DÉJÀ, QUAND LA MAÎTRESSE EST EN GRÈVE, C'EST MARRANT...
MAIS QUAND NICO VEUT ASSURER LE **SERVICE MINIMUM** À SA PLACE C'EST CARRÉMENT L'ÉMEUTE!!!
*ALTEAU*JIM*GASTON/08

L'EXTRÊME CENTRE.

AUSSI LOIN QUE JE ME SOUVIENNE, MÊME DANS LE FOOT, J'AI TOUJOURS ÉTÉ AU CENTRE...
LE CENTRE POUR MOI, C'EST UNE VOCATION.
AU MILIEU DE LA LIGNE D'ATTAQUE, MAIS J'ATTAQUE PAS.
NI GAUCHE...
NI VRAIMENT ADROIT...
J'SUIS NI-NI.
J'SUIS MOYEN.
INFICHU DE PRENDRE LA MOINDRE DÉCISION...
UN GROS NEZ POUR SENTIR LES CHOSES...
DE GRANDES OREILLES POUR L'ÉCOUTE...
MAIS PARALYSÉ AU CENTRE QUOI QU'IL ARRIVE.
LE VRAI PROBLÈME QUAND ON RESTE AU CENTRE...
C'EST QUE C'EST LA GALÈRE POUR ATTEINDRE SON BUT.

*ALTEAU*JIM*GASTON 08

ENTENTE PARFAITE.

Disnelande FOIRE
NIKE MOUSE
AAAH MA CARLITA, QUE JE SUIS HEUREUX ! UNE MAISON DE RÊVE DANS UN LIEU DE RÊVE !
LE RÊVE !
ON EST LE COUPLE PARFAIT ! MOI, J'VEUX QUE DÈS NOTRE MAJORITÉ, ON S'MARIE ! QU'EST-CE QUE TU DIS DE ÇA ?
HEIN ? QUE DIS-TU MA CARLITA ?
TU PEUX PARLER PLUS BAS ?
ENFIN JE VEUX DIRE PLUS HAUT ?
SI SI ON VA SE MARIER. OUI ! C'EST MIEUX POUR MES AMBITIONS !
EN GRANDES POMPES BIEN SÛR, J'LES AI DÉJÀ !
AH, MA CARLITA JE VOIS ÇA D'ICI...
CARLA, ACCEPTEZ-VOUS DE PRENDRE POUR ÉPOUX SARKO ICI PRÉSENT ?
PARDON ? ACCEPTEZ-VOUS DE LE PRENDRE POUR ÉPOUX ?
PARDON ?
PARDON ?
PARDON
POP !
OH, PINAISE ! C'EST PAS GAGNÉ !
J'AI EU LA MAJORITÉ DES VOIX... MAIS AURA-T-ELLE ENFIN UNE VOIX À SA MAJORITÉ ???
*ALTEAU * JIM * GASTON 08

COMME SI DE RIEN N'ÉTAIT.

MOI, J'ASSUMERAIS VACHEMENT PLUS D'ÊTRE AVEC UN GARÇON DE GAUCHE... MAIS ILS SONT TOUS NULS.
EEEH, SALUT CARLA.
TROP GRAS, TROP POISSEUX.
TROP AUSTÈRE.
TROP SANS AMBITION.
QUAND JE S'RAI GRAND...
JE S'RAI FACTEUR!
PFF!
NUL.
TROP VERBEUX.
CULTURE! SPECTACLE CULTUREL! FÊTE DE LA MUSIQUE! BLABLABLA BLABLA! COMMUNICATION! BLABLA
TROP... JE SAIS PAS COMMENT DIRE.
OH!
ELLE EST JOLIE TA JUPE!
C'EST KARL QUI TE L'A FAITE?
TU ME LA PRÊTERAS?
ALORS J'AI FINI PAR EN PRENDRE UN TOUT PETIT DE DROITE.
... POUR PAS QUE ÇA SE VOIE TROP.
J'VOIS DES COPINES QUI APPROCHENT!
VITE!
CACHE-TOI DANS MON CARTABLE!
* ALTEAU * JIM * GASTON 08

MA CAME.

ZUT! ENCORE DES COPINES QUI ARRIVENT!
SI ON PEUT APPELER ÇA DES COPINES!
TIEEENS...
SALUUUT CARLAAA.
COMMENT QUE ÇA VA BIEN ?
BIEN, BIEN.
ÇA VA, ÇA VA.
COOL, COOL.
SUPER, SUPER.
ALORS IL PARAÎT QU'ON TE VOIT PARTOUT AVEC SARKO EN CE MOMENT ?
QUI ÇA? J'VOIS PAS!
ALLONS, ALLONS!
LE P'TIT DERRIÈRE LE CAHIER DE CLASSE LÀ?
ET SI ON FOUILLE TON SAC, ON LE TROUVE PAS ?
POUVEZ Y ALLER HEIN!
J'SUIS CLEAN, HEIN!
SURPRISE!
MOI AVEC SARKO! VOUS M'AVEZ REGARDÉE ?
ELLE
Solfège
MAQUILLAGE
AH AH!
ÇA VA, TU T'EN TIRES BIEN!
EH! EH! DÉSOLÉE LES FILLES!
PF!
AU PLAISIR HEIN?
ON REVIENDRA!
J'SUIS CLEAN, HEIN!
VBRRZZ
ÇA PEUT PLUS DURER CARLA! VA BIEN FALLOIR QUE TU ASSUMES NOTRE LIAISON.
JE VAIS M'Y FAIRE, JE VAIS M'Y FAIRE, J'TE PROMETS.
LAISSE-MOI ENCORE DU TEMPS...
JE VAIS M'Y FAIRE ...

★ ALTEAU ★ JIM ★ GASTON 08

SAGE COMME UNE IMAGE.

EH LES FILLES, ON SE MONTRE NOS COLLEC' D'IMAGES ?
AH OUI!!!!!!
ET ON SE FERA DES ÉCHANGES !
TROP BON !
T'AS TA COLLEC' RAMA YADE ?
ET TOI SÉGO ? PAS MAAAL !
OH MOI J'AI UNE TOUTE PETITE COLLEC', J'SUIS TROP SAGE.
OUI, J'AI DEUX FRANÇOIS.
MOI J'AI QU'UNE SEULE IMAGE... LA MÊME DEPUIS TRÈS LONGTEMPS...
COMME UNE IMAGE, HA HA !
C'EST DES COLLEC' DE QUOI VOS IMAGES LES FILLES ?
DE MECS !
TOUS LES MECS QU'ON A EUS !!!
TIENS, V'LÀ CARLA !
OOOOOOOH !
SALUT LES FILLES !

FAIS VOIR, FAIS VOIR !
WOAH!
DINGUE ! ON PEUT REGARDER, DIS ? FAIS VOIR, TU NOUS MONTRES, DIS ? DIS ?
QU'EST-CE QU'ELLE DIT ?
ELLE A DIT :
AH OK
POUSSE-TOI, JE VEUX VOIR !
ELLE DÉCHIRE TA COLLEC', CARLA ! Y'A DE TOUT !!
DES MUSICIENS !
DES PHILOSOPHES !
DES VIEUX !
IH !
DES JEUNES !
OH ! CELLE-LÀ, J'L'AI AUSSI MOI !
MONTRE MONTRE !
AH OUI TIENS ! MOI AUSSI J'L'AI !
MOI, C'EST MA CLAUDE QUI L'A !
MOI, C'EST UNE COPINE QUI L'A !
MOI PAREIL !
AUCUNE VALEUR CETTE IMAGE !
QU'EST-CE QUI VA PAS MA CARLITA D'AMOUR ?
C'EST TON OMNIPRÉSENCE LÀ !
J'EN AI PARFOIS MAAARRE !
VOTEZ moi
NON VOTEZ MOi
ÉCOLE
★ ALTEAU ★ JIM ★ GASTON

RÉCLAMATIONS.

EH LES MECS !
ON JOUE À LA TÉLÉ PUBLIQUE ?
ENCORE !
TOI TU FAIS LA TÉLÉ...
... ET NOUS ON FAIT LE PUBLIC, COMME D'HAB'.
ALLEZ, JE COMMENCE !
D'AC' ?!
C'EST ÇA : TU COMMENCES ET TU FINIS...
ET ENTRE LES DEUX, C'EST TOI QUI JOUES.
COMME D'HAB' !
FRANÇAISES, FRANÇAIS, CHER PUBLIC,
LAISSEZ-MOI TOUT D'ABORD VOUS EXPRIMER MON PLAISIR D'ÊTRE VOTRE DÉLÉGUÉ DE CLASSE.
OH ! T'AS DES BOUNTY® ?
OUAIS, MAIS J'PRÉFÈRE LES M&M'S® !
VOUS ALLEZ ME DIRE : C'EST QUO UN BON DÉLÉGUÉ BLABLABLABLA
LES TREETS® C'EST MIEUX : ÇA FOND DANS LA BOUCHE, PAS DANS LA MAIN !
J'M'EN FOUS MOI, MA MÈRE A LE NOUVEL OMO® !
CRUNCH
SCRUNCH
LE NOUVEL OMO® C'EST NUL, IL EST PAS ANTI-REDÉPOSITION !
BONUX® C'EST MIEUX : 'Y A DES CADEAUX !
COMME DANS PIF GADGET® ?
QUAND JE S'RAI GRAND...
... JE SUPPRIMERAI LES PUBLICITÉS PENDANT LA TÉLÉ, NA !
★ALTEAU★JIM ★GASTON 08

TEMPS DE PAROLE.

EH, P'TIT FILLON ! C'EST QUOI CES HISTOIRES COMME QUOI JE TE LAISSERAIS PAS ASSEZ T'EXPRIMER ?
BIN OUI, C'EST QUE ...
TU T'ES PLAINT ?
NON JE ME SUIS PAS
T'AS VU COMMENT QU'CHUIS P'TIT, COMMENT TU VEUX QUE JE TE FASSE DE L'OMBRE ?
NON C'EST PAS ÇA C'EST...
TU ME DOIS PAS TOUT ?
SI SI MAIS...
T'ES PAS CONTENT ? BIN VAS-Y, PARLE ?
SI SI, J'ESSAYE JUSTE DE TE DIRE QUE ...
MAIS EXPRIME-TOI NOM DE NOM !
EXISTE !
BIN VOILÀ, C'EST JUSTEMENT
QUOI ? KOUCHNER A ENCORE FOURCHÉ DE LA LANGUE, BORLOO A TROP PICOLÉ DE CHAMPOMY, ET RACHIDA S'ENGUEULE AVEC TOUT LE MONDE AUX CABINETS ???
NON... PASQUE MOI MON PROBLÈME C'EST...
J'ARRIVE ! QUELLE BANDE D'INCAPABLES, 'FAUT TOUT FAIRE À LEUR PLACE !
BON, SINON TOI, TOUT ROULE ?
EUH... SINON OUI OUI EUH...
FINALEMENT, J'CROIS QUE C'EST QUAND IL ESSAYE DE M'ÉCOUTER QUE J'EXISTE LE MOINS...

*ALTEAU * JIM * GASTON 08

GAUCHE TOUTE.

C'EST QUAND MÊME UNE DRÔLE D'IDÉE D'ÊTRE ENCORE DE GAUCHE, MA CARLITA!
HEIN QUOI?
J'OUÏS RIEN!
FIGARO
PF! BIEN UNE HABITUDE CHEZ LES GENS DE GAUCHE D'ÊTRE INAUDIBLES! TIENS, PRENDS ÇA, ÇA TE SERVIRA DE HAUT-PARLEUR.
TIENS.
FIGARO
BIN MOI, J'AIME LA GAUCHE PARCE QUE J'AIME LA VIE, J'AIME LES GENS ET LA FRATERN..
MAIS MOI AUSSI JE T'AIME! EST-CE QUE JE SUIS DE GAUCHE POUR AUTANT ?
FIGARO
OUI MAIS A' DROITE C'EST DES MÉCHANTS ALORS QU'A' GAUCHE, C'EST DES GENTILS...
MAIS FAUT TOUT LUI EXPLIQUER A' ELLE, MAIS JE RÊVE!
FIGARO
GAUCHE, ÇA VEUT DIRE MALADROIT, DROITE, ÇA VEUT DIRE DROIT, SANS DÉTOUR, DROIT AU BUT! DROIT: ADROIT! GAUCHE: POURRI!
OK?
FIGARO
OUI MAIS A' GAUCHE, ILS ONT DES SENTIMENTS. A' DROITE, ILS ONT DES SENTIMENTS (POUR L'ARGENT!).
RÂÂH!
C'QU'IL FAUT PAS ENTENDRE!

RÉFLÉCHIS, TOI AUSSI TU AIMES L'ARGENT! ET TES ARTISTES QUE TU CHÉRIS TANT ONT DE QUOI TE PAYER DES DIABOLOS MENTHE! ET DES BONBONS! ET C'EST DES FILS DE RICHES, ET QUI SENTENT PAS LA SUEUR!
(FAUDRAIT QU'ILS TRAVAILLENT POUR ÇA!)
FIGARO
EUH...
DONC JE SUIS DE DROITE AUSSI ?
EH OUI!!!!! D'HABITUDE C'EST DE NAISSANCE, MAIS ON S'Y FAIT TRÈS VITE, T'INQUIÈTE!
BIENVENUE AU CLUB!
NON! INASSUMABLE D'ÊTRE DE DROITE! MOI, J'AIME LES PAUVRES, LES CRASSEUX, LES HIPPIES, LES REBELLES!
TU AIMES LES RICHES, LES PUISSANTS, LES OUINERS OUI!!
QU'EST-CE QU'ON FOUT ENSEMBLE, TU PEUX ME LE DIRE ?
MAIS QU'EST-CE QUE J'EN SAIS MOI!!!
JE SAIS!
TU ES MON ALIBI POUR ÊTRE RICHE ET À GAUCHE!
TU ES MON ALIBI POUR ÊTRE GENTIL ET DE DROITE!
★ ALTEAU ★ JIM ★ GASTON 08

NUL, PARS AILLEURS !!

CE QU'IL Y A DE BIEN DANS L'OMNIPRÉSENCE DE NICOLAS...
C'EST QUE QUAND IL EST PARTOUT, IL EST UN PEU MOINS LÀ !
OUI.
C'EST L'AVANTAGE.
EN MÊME TEMPS, IL SERAIT NULLE PART, CE SERAIT PAS MAL, AUSSI...
QUAND IL EST PARTOUT, C'EST UN PEU COMME S'IL ÉTAIT NULLE PART, EN MÊME TEMPS...
... À FORCE D'ÊTRE PARTOUT POUR JAMAIS ÊTRE NULLE PART, ON N'A PLUS NULLE PART OÙ IL EST PAS PARTOUT.
VOUS PARLIEZ DE MOI ?
SI VOUS PARLEZ DE MOI, J'AI PAS BESOIN DE RESTER.
SI VOUS PARLIEZ PAS DE MOI, JE RESTE JUSQU'À CE QUE VOUS PARLIEZ DE MOI.
ON PARLAIT DE TOI !
ALORS ÇA VA ! JE FILE !!
QUI PARLE PAS DE MOI PAR LÀ ?
ARGL !
IL NOUS A ENCORE EUS !
MÊME QUAND IL EST PAS LÀ, IL EST ENCORE PLUS LÀ QUE QUAND IL EST LÀ !!
SARKO C'EST COMME WAGNER... LE SILENCE QUI SUIT DU SARKO...
C'EST ENCORE DU SARKO......
* ALTEAU * JIM * GASTON 09

PRÉFÉRENCES LITTÉRAIRES.

Bibliothèque
LA CULTURE ÇA C'EST LA CLASSE !
MOI, MARRE DE LA CLASSE !
POUR MOI, LA CULTURE C'EST PLUTÔT LA RÉCRÉ !
QU'EST-CE QUE TU LIS ? GAFFE ! C'EST DANS LES LIVRES QU'ON DEVIENT CE QU'ON EST !!!
HEIN QUOI ?
T'ES SÛR ?
BIEN SÛR ! ON PUISE, ON SE CONSTRUIT !
Trotsky
Martine à la Mairie
TIENS, JEAN-MARIE ! ON VOIT TOUT DE SUITE OÙ IL PLACE LES FONDEMENTS DE SA PHILOSOPHIE !
TIENS, IL SAIT LIRE ? D'HABITUDE IL LES BRÛLE LES LIVRES !
Mein Kampf
ENCYCLOPÉDIE PANZER DIVISION
LES BUNKERS BRETONS
JEANNE D'ARC
ET SARKO ! IL LIT LES MÊMES LIVRES DEPUIS QU'IL EST TOUT PETIT !
ARF ! J'AIME BIEN QUAND TU DIS "TOUT PETIT" !
TIENS ! ET À PROPOS DE SARKO ...
MACHIAVEL
DAVID ET GOLIATH
NAPOLÉON + ATTILA = UN DESTIN
ET LA P'TITE CARLA ? JE ME DEMANDE OÙ CETTE MATA-HARI EN JUPETTE PUISE SES IDÉES D'AMBITIEUSE ?
OUI ! OÙ DIABLE CETTE MANTE RELIGIEUSE AVIDE DE POUVOIR ET DE SÉDUCTION VA-T-ELLE CHERCHER SES INSPIRATIONS MANIPULATRICES ?
La Schtroumpfette
LE SCHTROUMPFISSIME

* ALTEAU * JIM * GASTON 08

FLASHÉ !

ALLEZ !
ON SE DÉTEND !
ON SOURIT !
ET SURTOUT : ON NE BOUGE PLUS !
GZ !
GZZ !
BON SANG, MAIS C'EST QUOI LE GAMIN ÉPILEPTIQUE LÀ-DEVANT ?!
IL EST ALLERGIQUE AUX OBJECTIFS ?? ON NE BOUGE PLUS, J'AI DIT !
C'EST DES TICS NERVEUX !
PAS MA FAUTE M'SIEUR.
PLEIN.
J'EN AI PLEIN.
ALLEZ, ON S'APPLIQUE, ON SE CONCENTRE !
ATTENTION !
NICO, ARRÊTE !
T'ES CHIANT.
PAS QUE ÇA À FAIRE !
GZ !
GN !
'FAIS PAS EXPRÈS !
MÊME IMMOBILE, IL GIGOTE !

ON NE BOUGE PLUS ! DERNIÈRE FOIS !
ATTENTION ! LE PETIT OISEAU VA...
LEXOMYLISEZ-LE !
CRUCIFIEZ-LE !
DÉ-VOTEZ POUR LUI !
LA SNIFFÉ DE LA CAFÉINE OU QUOI ?
PUISQUE C'EST COMME ÇA, J'ABANDONNE !! IL N'Y AURA PAS DE PHOTO CETTE ANNÉE !
EUH... ATTENDEZ, SI VOUS PERMETTEZ, JE CROIS QUE J'AI UNE IDÉE.
RÔÔÔH C'EST MALIIIIN !
COMMENT ON VA FAIRE MAINTENANT ?
PFF... BRAVO, NICO !
'YA QU'AVEC CE MODÈLE D'APPAREIL PHOTO QU'IL SE TIENT TRANQUILLE.
SUPERADAR GENDARMERIE
★ ALTEAU ★ JIM ★ GASTON 09

TÊTE DE L'EMPLOI.

TU COMPRENDS RACHIDA, MOI JE L'AIME NICO. MAIS IL ME REPROCHE DE PAS ÊTRE DE DROITE.
C'EST QUAND MÊME PAS MA FAUTE, HEIN? J'AI PAS CHOISI!
AH FÁ NON ALORS!
THE BEATLES
REGARDE-MOI, FÉ FÚIS BIEN ARABE ET DE DROITE!
BIN OUAIS! COMME QUOI ÇA SE COMMANDE PAS.
WAAH LES NULLES!
REGARDEZ-MOI: J'SUIS HOMO ET DE GAUCHE!
NORMAL, QUOI.
HA HA!
ET MOI!
MOI J'SUIS TROTSKISTE ET ALBINOS.
MOI J'SUIS DE DROITE ET ROUGEAUD.
MOI J'SUIS CHOUAN ET CHIC.
GNÎH
BAH! DE FOUTES FAÇONS À MON AVIS, IL A RIEN À DIRE, NICO!
AH?
IL VOUDRAIT ÊTRE MAÎTRE DU MONDE ALORS QU'IL N'EST QUE PETIT ET BLANC!
C'EST CLAIR.
C'EST CLAIR.
VOTEZ OBAMA
YES, WEEKEND!
VOTEZ MOI
VOTEZ SARK

★ ALTEAU ★ JIM ★ GASTON 08

HIBERNATUS.

AAH MON SARKO D'AMOUR... VIENS !
LES JOIES DE L'HIVER... LE CALME... LA DÉTENTE... PATINER TRANQUILLE...
C'EST SI RARE...
OUI GÉNIAL ! REGARDE, J'VAIS PLUS VITE !
SPEED SPEED !
TRIPLE S'ALTEAU... HU HU !
J'SUIS PLUS FORT !
ET J'RETOMBE TOUJOURS SUR MES PIEDS !
REGARDE, REGARDE, LA TOUPIE INFERNALE !
AH AH !
CRAC !
MESSIEURS LES SECOURISTES, S'IL VOUS PLAÎT !!
NE LE DÉGELEZ PAS TOUT DE SUITE !
C'EST UN MOMENT SI RARE, CETTE IMMOBILITÉ !
LAISSEZ-MOI EN PROFITER ENCORE UN PEU...
* ALTEAU * JIM * GASTON 09.

CUCUL'X KLAN.

C'EST QUOI C'T'HABIT ?
J'VAIS DÉCOUVRIR MON NOUVEAU CORRESPONDANT US QUI ARRIVE !
ON VA S'ÉCLATER !
ON DIRAIT JOE DALTON DÉGUISÉ EN LUCKY LUKE !
CELUI D'AVANT, IL ÉTAIT TROP DÉBILE, AH AH ! ON S'ENTENDAIT COMME LARRONS EN FOIRE !
IL EST LÀ, IL ARRIVE !
BUSH DE LÀ, AH AH !
BANG BANG !
AH ÇA IRA, ÇA IRAK !
REGARDEZ, C'EST LUI ! TOUT NOUVEAU, TOUT BEAU ! VOICI BARACK !
HELLO GUYS.
BUS SCOLAIRE
BÉ ! BÉ ! IL EST GRAND ! MAIS IL EST PAS SI BARAQUE QUE ÇA !
HÉÉ SALUUUT !
HAWAYOU ?
TU FAIS DU BASKET ? DE LA MUSIQUE ?
MAIS ? MAIS ? CARLA ?
ON DIRAIT DE GAULLE EN NOIR !
R'GARDEEZ !
MOI AUSSI J'EN AI DES NOIRS ! PLEIN !
TOUTE UNE ÉQUIPE DE FOOT, MÊME !

ET J'AI MON COACH PERSO !
AVEC LUI, ON GAGNE TOUTES LES COUPES !
SAUF LES COUPES DE CHEVEUX !
LÂCHE MOI ! SÉGOLENE !
ET MON ATOUT MAÎTRESSE ! RAMA YADE !
HEU... BONJOUR, MONSIEUR !
MON DROIT DE L'HOMME A L'OUVERTURE !
REGARDEZ ! MOI AUSSI, J'AI MA FRIME-TEAM !
GRLB !
MON BLACK POWER !
YES WE CAN NOUS AUSSI !
?
WHO IS IT ?
CALME-TOI, SARKO !
QU'EST-CE QU'IL LUI PREND ?
'VEUT ME VOLER LA VEDETTE !
RACAILLE ! KÄRSHER !
UGRML !
OUCH ! AYHA !
ZUT ! ÇA LE REPREND !
SES VIEILLES ALLERGIES D'AVANT ! MAÎTREEEESSE !
CASSE-TOI POV' CON !
CHARTER !
MES CRS !
?
?
C'EST PAS BIEN D'ÊTRE RACISTE, NICO.
J'SUIS PAS RACISTE, J'SUIS JALOUX !
ÂNE

*ALTEAU*JIM*GASTON 08

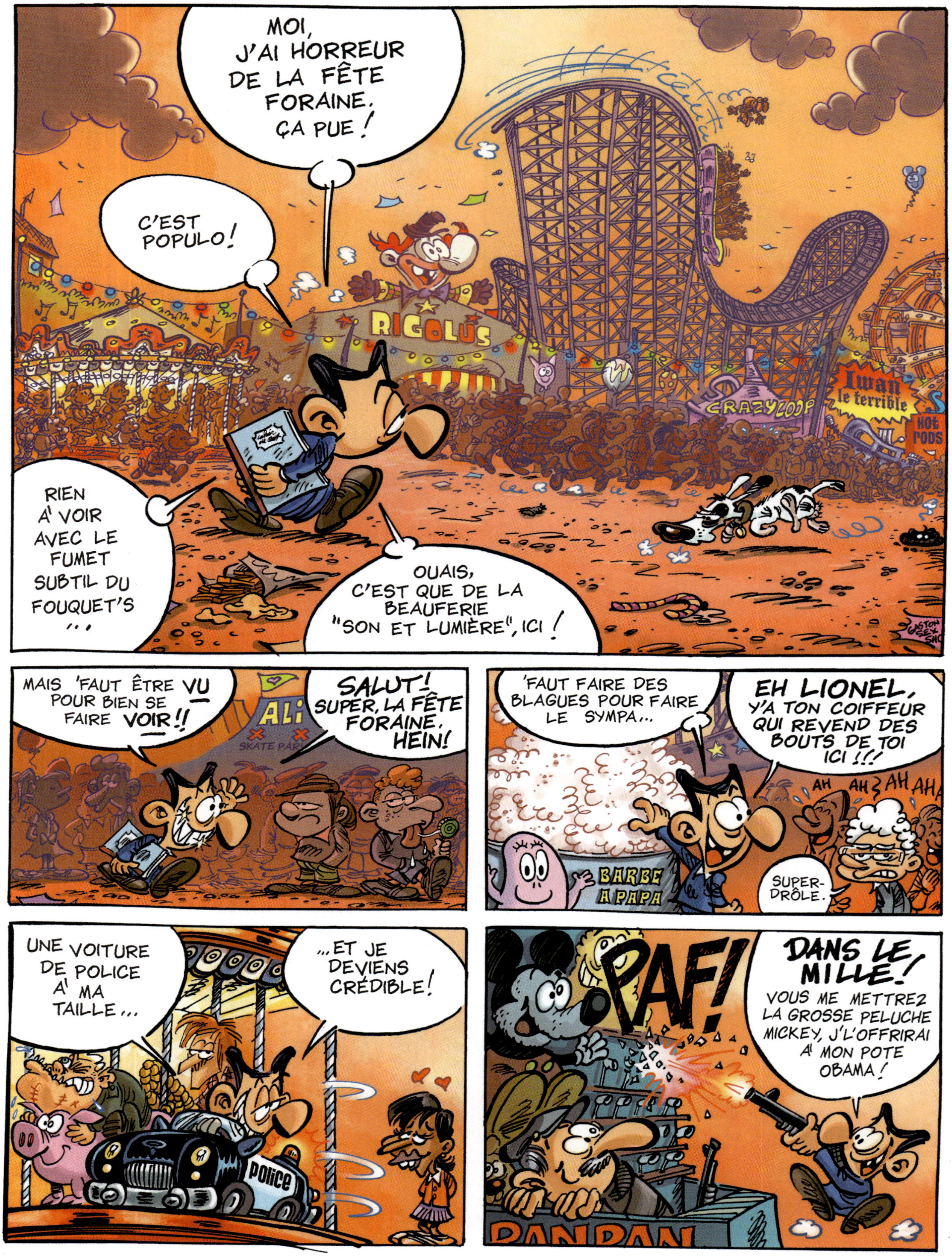
MOI, J'AI HORREUR DE LA FÊTE FORAINE. ÇA PUE !
C'EST POPULO !
RIGOLUS
CRAZY LOOP
Iwan le terrible
HOT RODS
RIEN A' VOIR AVEC LE FUMET SUBTIL DU FOUQUET'S ...
OUAIS, C'EST QUE DE LA BEAUFERIE "SON ET LUMIÈRE", ICI !
MAIS 'FAUT ÊTRE VU POUR BIEN SE FAIRE VOIR !!
SALUT ! SUPER, LA FÊTE FORAINE, HEIN !
'FAUT FAIRE DES BLAGUES POUR FAIRE LE SYMPA...
EH LIONEL, Y'A TON COIFFEUR QUI REVEND DES BOUTS DE TOI ICI !!!
AH AH AH AH
BARBE A PAPA
SUPER-DRÔLE.
UNE VOITURE DE POLICE A' MA TAILLE...
...ET JE DEVIENS CRÉDIBLE !
POLICE
PAF !
DANS LE MILLE ! VOUS ME METTREZ LA GROSSE PELUCHE MICKEY, J'L'OFFRIRAI A' MON POTE OBAMA !
PAN PAN

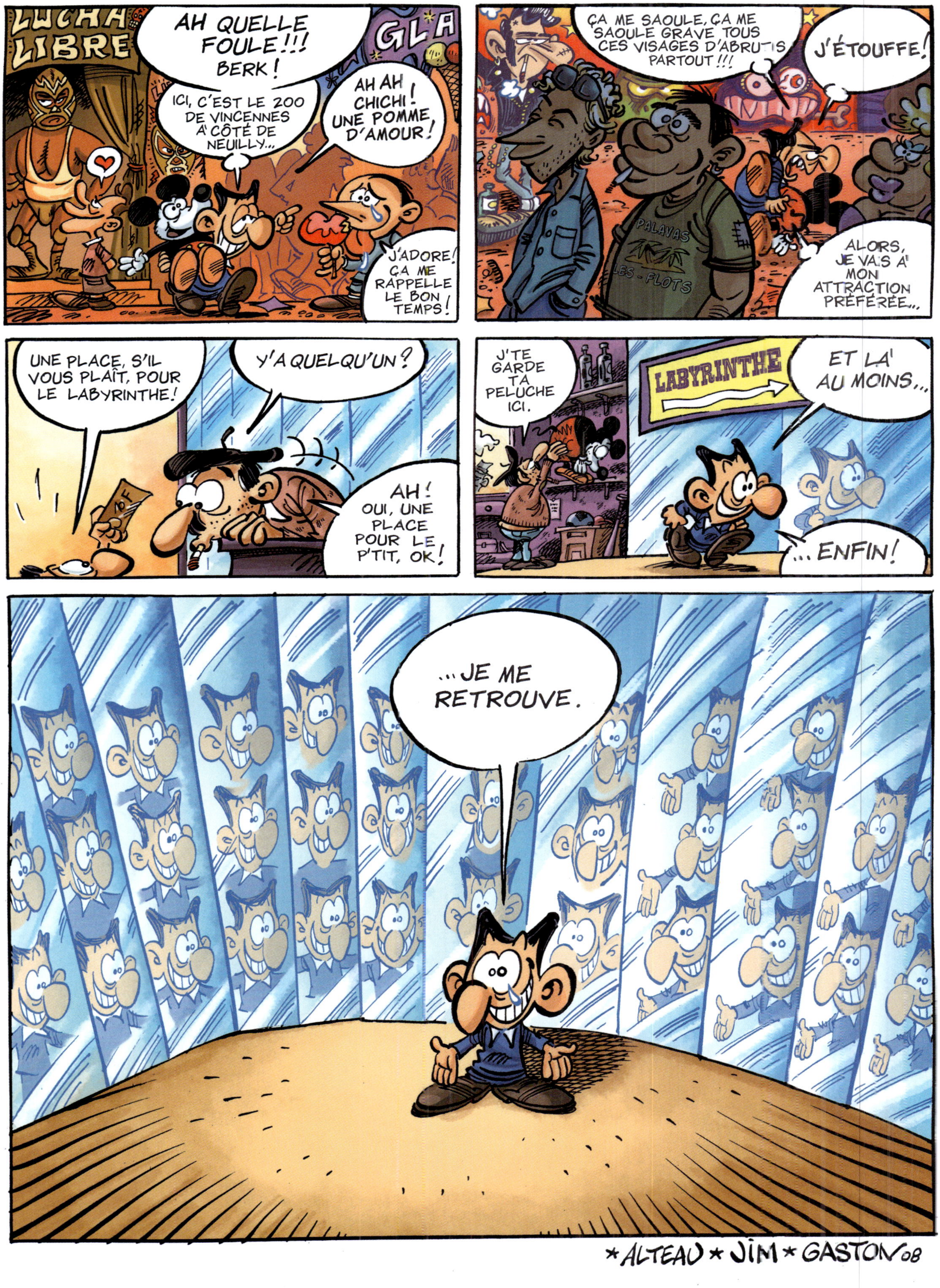
LUCHA LIBRE
GLA
AH QUELLE FOULE !!! BERK !
ICI, C'EST LE ZOO DE VINCENNES À CÔTÉ DE NEUILLY...
AH AH ! CHICHI ! UNE POMME D'AMOUR !
J'ADORE ! ÇA ME RAPPELLE LE BON TEMPS !
ÇA ME SAOULE, ÇA ME SAOULE GRAVE TOUS CES VISAGES D'ABRUTIS PARTOUT !!!
J'ÉTOUFFE !
PALAVAS LES-FLOTS
ALORS, JE VAIS À MON ATTRACTION PRÉFÉRÉE...
UNE PLACE, S'IL VOUS PLAÎT, POUR LE LABYRINTHE !
Y'A QUELQU'UN ?
AH ! OUI, UNE PLACE POUR LE P'TIT, OK !
J'TE GARDE TA PELUCHE ICI.
LABYRINTHE
ET LÀ AU MOINS...
... ENFIN !
... JE ME RETROUVE.
*ALTEAU *JIM *GASTON 08

CROISSANCE DÉMOGRAPHIQUE.
"GRAND HOMME" TU PARLES! C'EST QU'UNE HISTOIRE DE CROISSANCE.
ILS COMMENCENT À ME BROUTER AVEC LEUR OBAMA!
À PART 1 MÈTRE, QU'A-T-IL DE PLUS QUE MOI?
LA CONJONCTURE, FAUT LUI DONNER UN COUP DE POUCE, J'VAIS ME RAJOUTER DES POINTS DE CROISSANCE, MOI!
HOP!
DEUX TABOURETS QUAND LES TALONNETTES SUFFISENT PAS.
QUI A DIT..."POUR DEVENIR UN GRAND HOMME IL FAUT DE LA CULTURE"?
MITTERRAND? NAPOLÉON? ATTILA?
EEEHH!
AH, ÇA Y EST.
J'COMPRENDS MIEUX MAINTENANT CE QUE TU VOULAIS DIRE PAR : "J'IRAI CHERCHER LA CROISSANCE AVEC LES DENTS!!!"
ALTEAU JIM GASTON 09.

PLACE DES GRANDS-HOMMES.

ET VOILA' !!
C'EST LA FIN DE TON SÉJOUR EN FRANCE EN TANT QUE CORRESPONDANT ÉTRANGER, MON PETIT BARACK.
J'ESPÈRE QUE NOTRE BEAU PAYS T'A PLU.
OH YES, M'DAME !
J'AI ADMIRÉ CES PLAGES OÙ J'AIME TANT DÉBARQUER.
J'AI VU MON MODÈLE DE GRANDEUR...
J'AI APPRÉCIÉ CE PAYS QUI AIME TANT MON PAYS...
DICK RIVERS
Ronnie Bird
MIKE BRANT
EDDY MITCHELL
Johnny Hallyday
LEVI DEXTER
TABU!

MICHELLE MA BEEELLE
CE PAYS QUI A TANT APPORTÉ À MON PROPRE PAYS.
FRENCH FRIES
FRENCH KISS?
CETTE ÉQUIPE DE FOOTBALL QUI FAIT QU'ON SE SENT CHEZ SOI.
ON DEVRAIT ENVOYER TOUS LES AMÉRICAINS FAIRE UN STAGE ICI.
C'EST BIEN SIMPLE!
ÇA ME DONNE ENVIE DE RASER ET DE RECONSTRUIRE GUANTANAMO ICI!!
GUANTANAMO? LA PRISON?? MAIS POURQUOI BARACK?
PARCE QU'ICI...
...VOUS AVEZ DES SUPER-BOULETS.
MON COPAIN.
MON MEILLEUR AMI DU MONDE.
MON ASSOCIÉ, MON FRÈRE DE SANG.
★ALTEAU★JIM★GASTON 09

BILAN.
RAAH!
HOULÀLÀAA! MAIS C'EST QU'IL A L'AIR ÉNERVÉ, NOTRE P'TIT SARKO!
AH AH, J'VEUX VOIR! DÉJÀ QU'IL EST BOURRÉ DE TICS QUAND IL EST DÉTENDU...
...BEN QU'EST-CE QUI T'ARRIVE, MON CHATON D'AMOUR?
?
PERSONNE M'AIME! PEUH, À VOUS ÉCOUTER, J'AI QUE DES DÉFAUTS, J'AI QUE ÇA: ÉGOCENTRIQUE, MENTEUR, EMBROUILLEUR AUTORITAIRE, DESPOTIQUE, NAPOLÉONEUR, COLÉRIQUE...
OUI!
OUI, EXACTEMENT.
VOILÀ!
C'EST TOUT TOI, ÇA.
T'OUBLIE AUSSI VOLEUR D'ÉLECTEURS!
ET TRAÎTRE!
FUPER TRAÎTRE MÊME!
ET PIQUEUR DE CAHIER DE CLASSE DE MON JULES!
AH PARCE QUE C'EST FACILE VOUS CROYEZ DE L'AVOIR LE CAHIER DE CLASSE!! LE POUVOIR C'EST COMPLIQUÉ, J'AI DES RESPONSABILITÉS, MOI!!
JE SUIS UN MONSTRE, C'EST ÇA??

AH OUI, "MONSTRE"
JE ME CASSE LA TÊTE POUR VOUS !
ON L'AVAIT OUBLIÉ, CELUI-LÀ.
TOUT ÇA POUR QU'ON ME RECONNAISSE AUCUNE QUALITÉ !
PAS JUSTE !!
GRMMLBBLL !
MAIS SIIII, T'EN A UNE DE QUALITÉ !
QUELLE QUALITÉ ?
IL EN A UNE ?
T'EN AS UNE ÉNORME, DE QUALITÉ !
AH OUI, SI P'TÊT'...
EUH...
CELLE QUI TE FAIT AVANCER !
AH BON ?
CELLE QUI ÉLIMINE TES ENNEMIS !
CELLE QUI TE REND SOURD AUX CRITIQUES !
CELLE QUI FAIT QUE TU SERAS ENCORE LÀ DANS 10 ANS !
QUI FERA QU'ON SE SOUVIENDRA DE TOI LONGTEMPS !
ET QUE PEUT-ÊTRE TU FERAS DES TRUCS BIEN !
AH ??
ET C'EST QUOI CETTE QUALITÉ ? C'EST ? C'EST ?
L'ORGUEIL.

★ ALTEAU ★ JIM ★ GASTON ★ LEROLLE '09.

MOI
MOI
MOI
MOI

JIM • GASTON • ALTEAU
LE P'TIT CHIRAC
TOUT P'TITS DÉJÀ CANCRES !
ÂNE

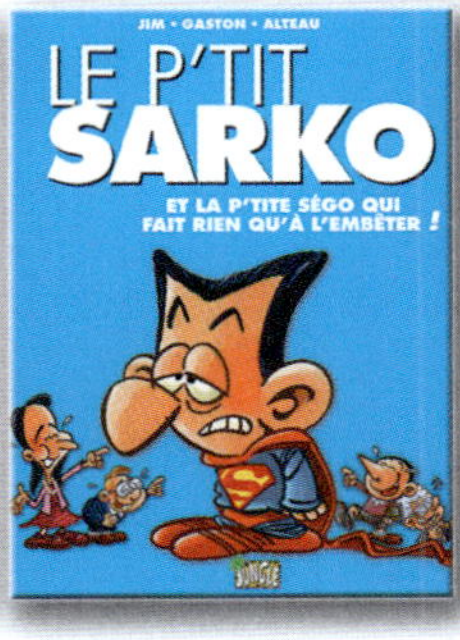
JIM • GASTON • ALTEAU
LE P'TIT SARKO
ET LA P'TITE SÉGO QUI FAIT RIEN QU'À L'EMBÊTER !

PIERRE DESPROGES
en BD
FRANÇAISES
FRANÇAIS
BELGES
BELGES
LECTEUR
CHERI
MON AMOUR

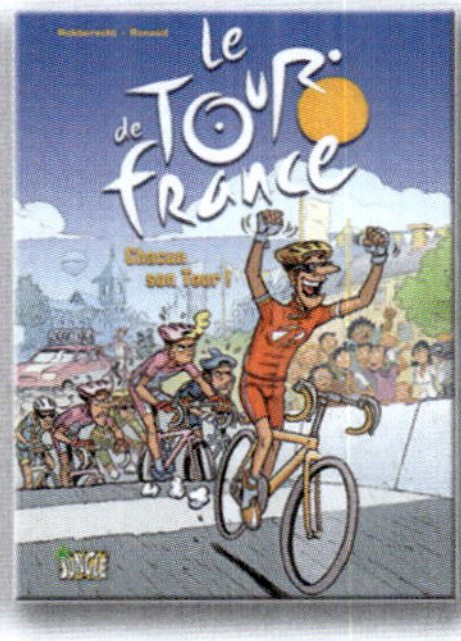
Le TOUR de France

La revanche des Fumeurs

RÉUSSIR le BAC SANS SE FOULER
BONUS :

LASCARS
PAS DE CARNAVAL POUR LES VRAIS GARS

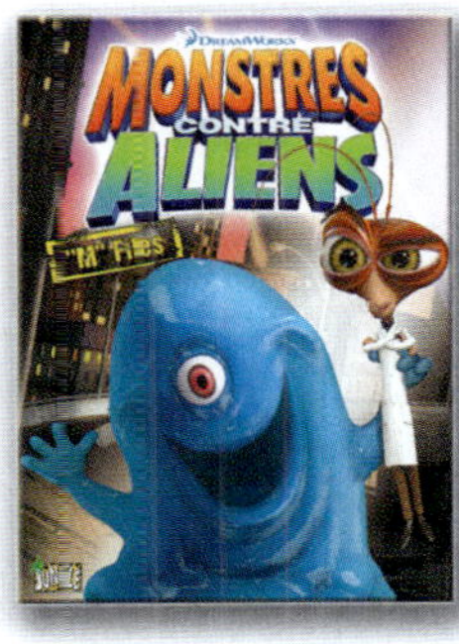
MONSTRES CONTRE ALIENS

Les SIMPSON
TROP FORTS !

6
CAMERA CAFE